**VERLEGT IN DER MINEDITION PUBLISHING AG, ZÜRICH**

Copyright 2020 für die Reihe classic-minedition
Erstauflage erschien 2017 in der Michael Neugebauer Edition GmbH, Bargteheide
Text Copyright © 2017 Catherine Leblanc
Illustrationen Copyright © 2017 Eve Tharlet
Alle Rechte, auch die der auszugsweisen Vervielfältigung,
gleich durch welche Medien, vorbehalten.
Rechte bei „minedition rights and licensing ag" Zürich
Gesetzt wurde in der Esprit Book von Jovica Veljovic
Lithografie: Pixelstorm, Wien
Koproduktion mit Michael Neugebauer Publishing Ltd. Hongkong
ISBN 978-3-86566-366-5

Bibliografische Information der Deutschen Bibliothek
Die Deutsche Bibliothek verzeichnet diese Publikation in
der Deutschen Nationalbibliografie; detaillierte bibliografische
Daten sind im Internet über
http://dnb.ddb.de abrufbar.

Weitere Geschichten vom Kleinen Bären:
„Wirst du mich immer lieb haben?" (Catherine Leblanc / Eve Tharlet)
„Das Baby ist da! Was nun?" (Catherine Leblanc / Eve Tharlet)
„Bald ist mein erster Schultag" (Dany Aubert / Catherine Leblanc / Eve Tharlet)

Mehr Information über unsere Bücher finden Sie unter: www.minedition.com

Catherine Leblanc

# Zu groß oder zu klein?

mit Bildern von **Eve Tharlet**

classic-minedition

Kleiner Bär fragt nach einer Babyflasche.

Die Mutter bereitet sie gerade für die kleine Schwester vor.

Mama Bär antwortet:

„Nein! Schau, dafür bist du doch schon zu groß!"

Aber wenn Kleiner Bär sein Essen mit dem Messer schneiden will,
ruft Mama Bär gleich:
„Du bist zu klein dafür! Lass mich das machen."

Wenn Kleiner Bär den ganzen Tag mit seinem Kuscheltier rumläuft,
sagt Papa Bär:
„Leg es doch weg! Du bist jetzt zu groß, um es immer überall
mithinzunehmen. Heute Abend zum Einschlafen kannst du es ja
wiederhaben."

Wenn Kleiner Bär das Handy seines Vaters ausprobieren will, lehnt
Papa Bär das ab:
„Nein, dafür bist du noch zu klein! Du könntest es kaputt machen."

Wenn sie spazieren gehen, möchte Kleiner Bär
im Kinderwagen sitzen.
Seine Eltern aber sagen:
„Dafür bist du zu groß! Der Kinderwagen
ist jetzt für deine kleine Schwester Anna.
Du kannst doch schon laufen, oder?"

Wenn Kleiner Bär sich hinter das Lenkrad des Autos setzt,
lachen seine Eltern:
„Aber Kleiner Bär, dafür bist du doch noch viel zu klein!"

Kleiner Bär ist gar nicht glücklich:
Für seine Eltern ist er entweder immer zu klein oder zu groß!
So geht das nicht weiter!

Papa Bär will ein Buch von ganz oben im Regal nehmen.

Kleiner Bär ruft aus:

„Ach, du wirst es nie schaffen, dafür bist du zu klein, Papa!"

Mama Bär bereitet einen Imbiss vor. Mit Genuss steckt sie den
Finger in das Marmeladenglas.
Kleiner Bär sagt sofort:
„Oh, Mama, du bist schon zu groß, um das zu tun!"

Mama und Papa Bär fingen an zu verstehen, worauf es Martin ankam.

„Willst du vielleicht eine Geschichte erzählt bekommen?", fragte Mama Bär.

„Dafür bist du weder zu groß noch zu klein!"

„Und was wäre, wenn man dich ein bisschen kitzeln würde, bis du nicht mehr aufhören kannst zu kichern?", fragte Papa Bär.

„Das magst du doch gern und auch dafür bist du weder zu groß noch zu klein."

Martin verstand jetzt genau: Er war weder zu groß noch zu klein, um mit der ganzen Familie Unfug und lustige Sachen zu machen.

„Ihr seid beide viel zu groß, um mich zu fangen!", rief Martin.
Und als Mama und Papa vergeblich hinter ihm her waren,
mussten sie das zugeben.
„Aber wir sind weder zu groß noch zu klein, um es zu versuchen",
sagte Papa und lachte.
Martin dachte: „Ja wirklich,
es ist viel lustiger, wenn
man Unfug und lustige
Sachen gemeinsam
machen kann."